Estou decidido a largar:

- ❑ o trabalho
- ❑ as amarras
- ❑ ....
- ❑ ....
- ❑ ....
- ❑ ....
- ❑ ....
- ❑ ....
- ❑ ....
- ❑ ....

Resolvi não ir mais:

- ❑ às festas por obrigação
- ❑ aos almoços e jantares de família
- ❑ ....
- ❑ ....
- ❑ ....
- ❑ ....
- ❑ ....

Sobrenome:
Nome:
Data :
Assinatura :

CB132302

Para Jérôme, que largou tudo e foi dar a volta ao mundo.
Para Mathieu, que não largou nada e dá voltas no escritório.
E para todos que sonham chutar o balde...

Publicado originalmente na França sob o título
Cahier de gribouillages pour les adultes qui veulent tout plaquer

TRADUÇÃO
Jorge Bastos

ADAPTAÇÃO DO PROJETO GRÁFICO
Mariana Newlands

REVISÃO
Umberto Figueiredo

IMPRESSÃO
Yangraf

CIP-BRASIL. CATALOGAÇÃO-NA-FONTE
SINDICATO NACIONAL DOS EDITORES DE LIVROS, RJ

F29c

Faÿ, Claire, 1977-
Caderno de rabiscos para adultos que querem chutar o balde / Claire Faÿ ; adaptação do projeto gráfico Mariana Newlands; tradução Jorge Bastos. - Rio de Janeiro : Intrínseca, 2009.
48p. : il.

Tradução de: Cahier de gribouillages pour les adultes qui veulent tout plaquer
ISBN 978-85-98078-66-3

1. Passatempos. I. Título.

09-5185. CDD: 793.9
CDU: 793.7

[2009]

EDITORA INTRÍNSECA LTDA.
Rua dos Oitis, 50
22451-050 – Gávea
Rio de Janeiro – RJ
Tel./Fax: (21) 3206-7400
www.intrinseca.com.br

Saia da forma.

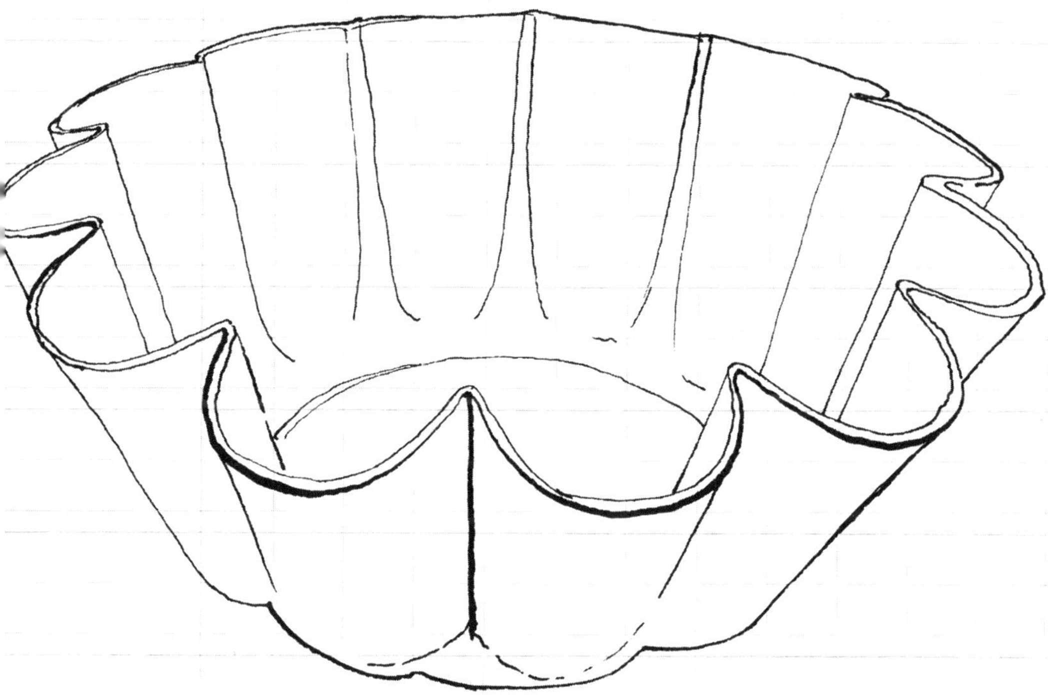

Afirme-se: aprenda a fazer um x no quadradinho certo.

☐ SIM ☒ NÃO	☐ SIM ☐ NÃO	☐ SIM ☐ NÃO	☐ SIM ☐ NÃO
☐ SIM ☐ NÃO	☐ SIM ☐ NÃO	☐ SIM ☐ NÃO	☐ SIM ☐ NÃO
☐ SIM ☐ NÃO	☐ SIM ☐ NÃO	☐ SIM ☐ NÃO	☐ SIM ☐ NÃO
☐ SIM ☐ NÃO	☐ SIM ☐ NÃO	☐ SIM ☐ NÃO	☐ SIM ☐ NÃO
☐ SIM ☐ NÃO	☐ SIM ☐ NÃO	☐ SIM ☐ NÃO	☐ SIM ☐ NÃO

Liberte-se: arrebente os grilhões e largue esse peso que você carrega.

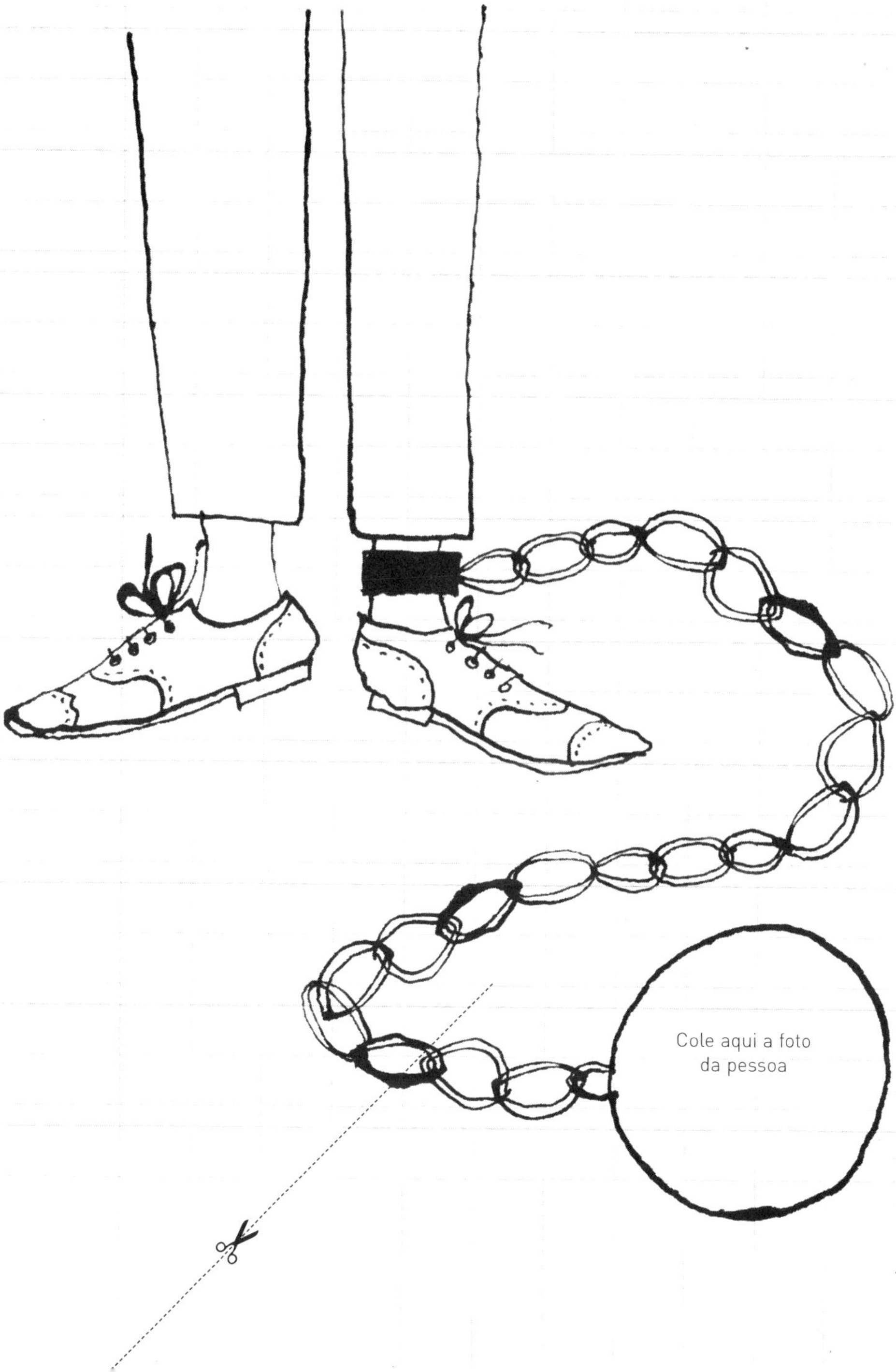

Ponha cada um em seu devido lugar e delimite seu território.

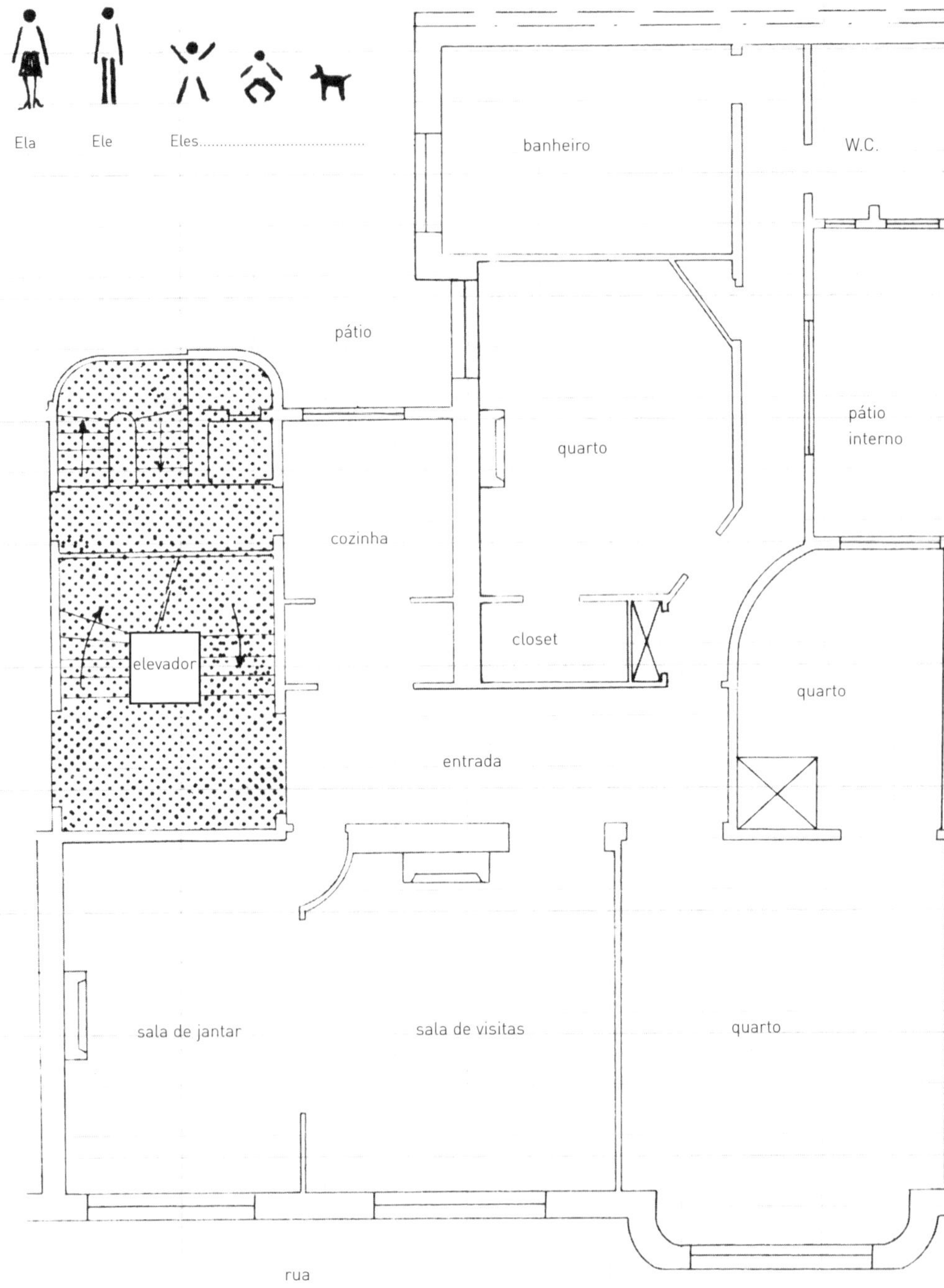

Converse com seus botões.

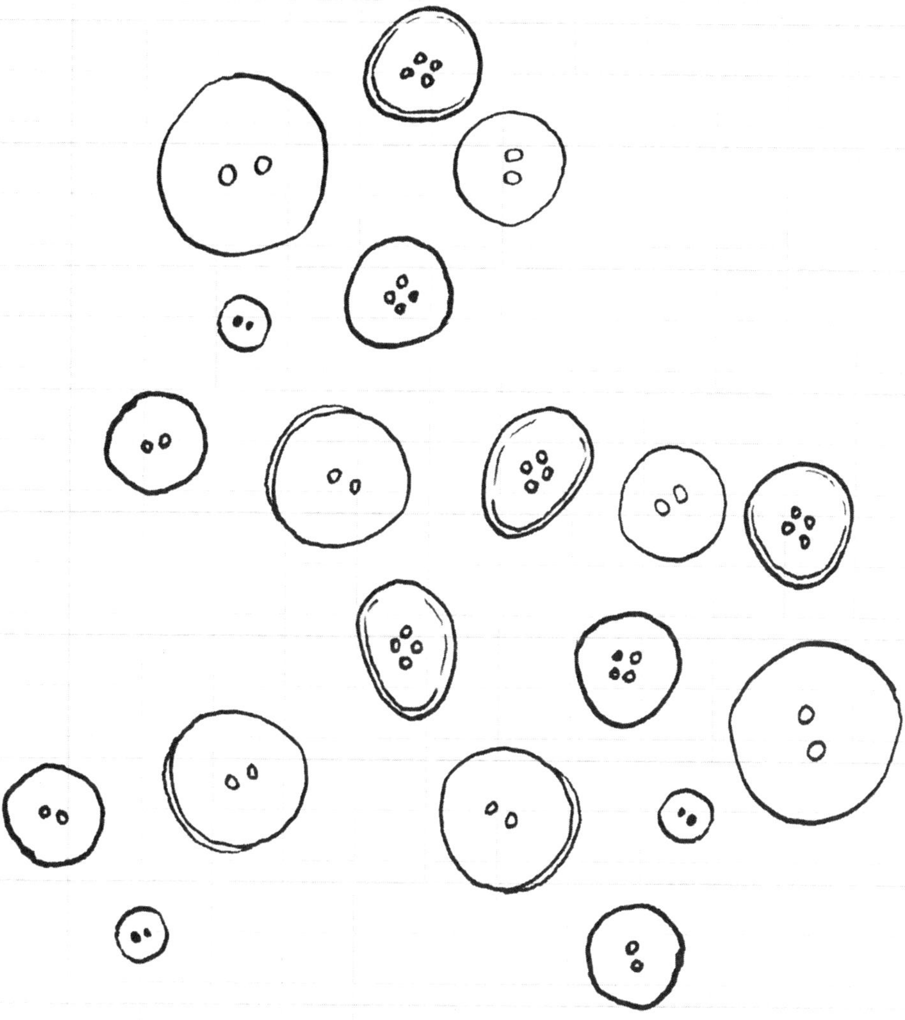

Sugestão: os botões podem responder (baixinho) ou apenas ouvir.

Aprenda a se defender: erice seus espinhos.

Livre-se de suas sanguessugas.
Você pode também colorir todas
de vermelho e dar um apelido
a cada uma.

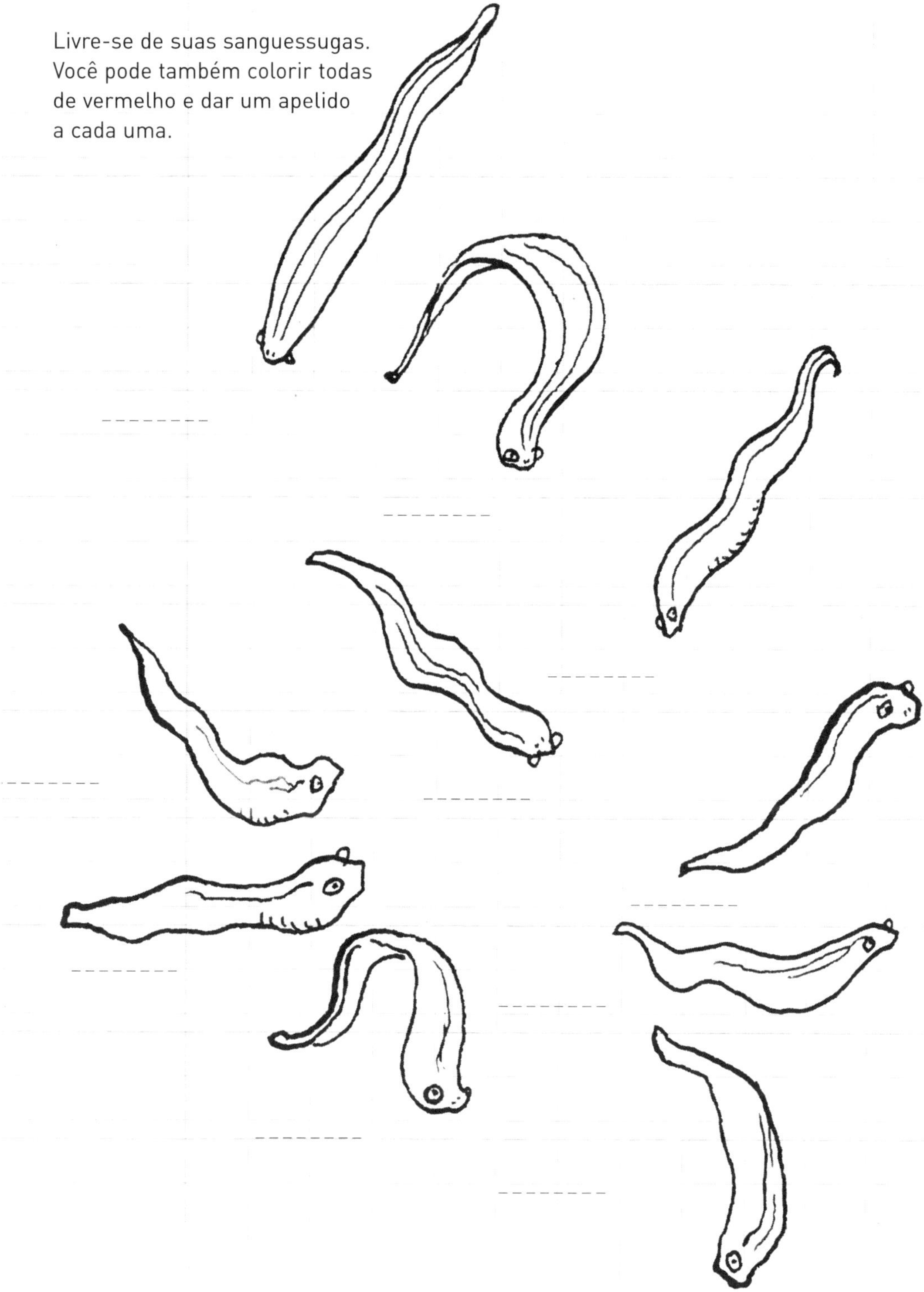

Ponha uma ideia na cabeça.

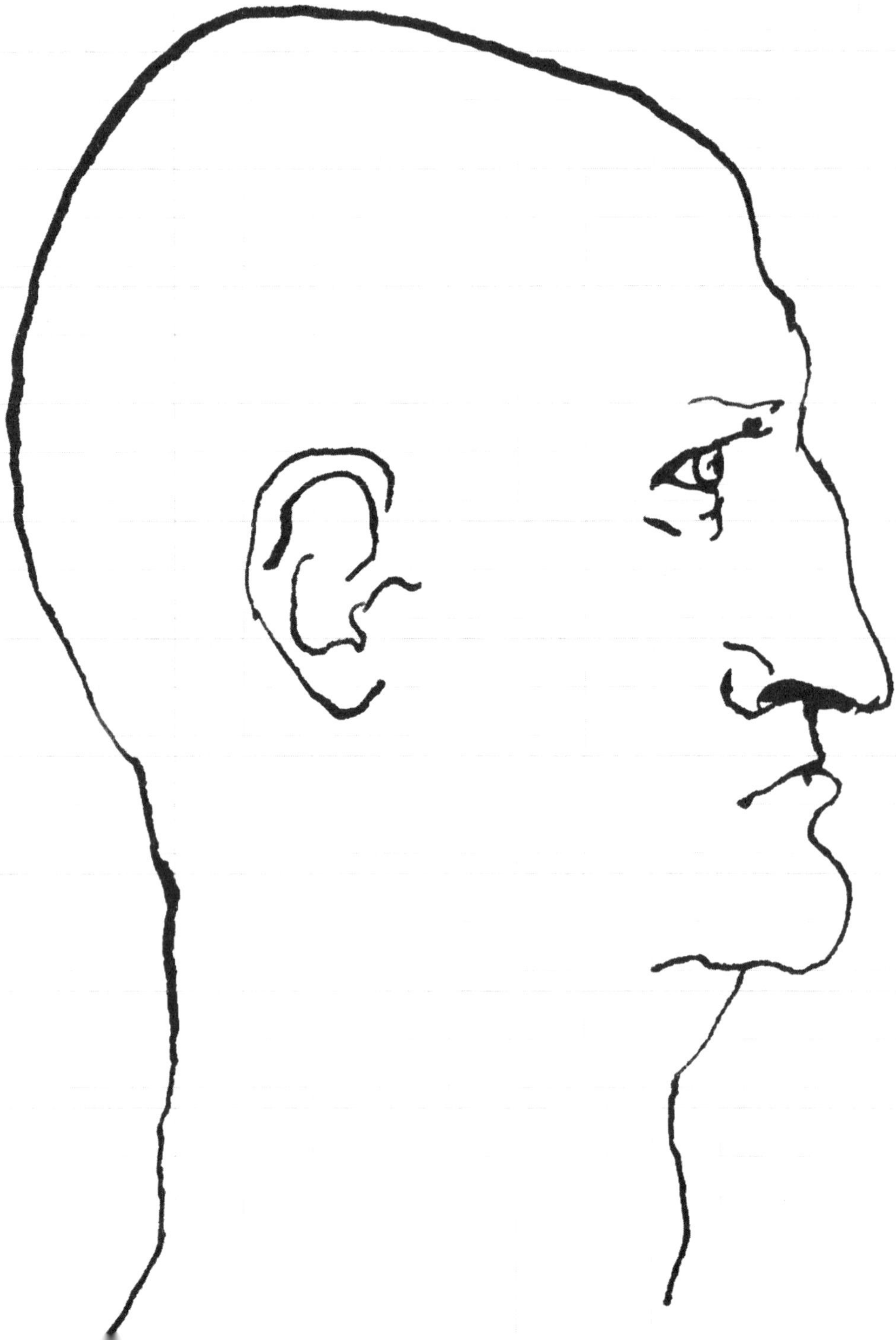

Colaram um rótulo em você? Tudo bem, cole muitos outros!

Sou legal

Tenho um monte de amigos

Sou bom no que faço

Sou engraçado

Não sou um merda

Não sou um merda?

Sou irresis-tível

Sou genial

Sou tranquilo

Sou autoconfiante

Não sou um otário

Sou...

Tire o celular do ouvido, encoste a cabeça na página e ouça o chamado do mar...

Mire bem para não errar o alvo e a viagem não ir por água abaixo.

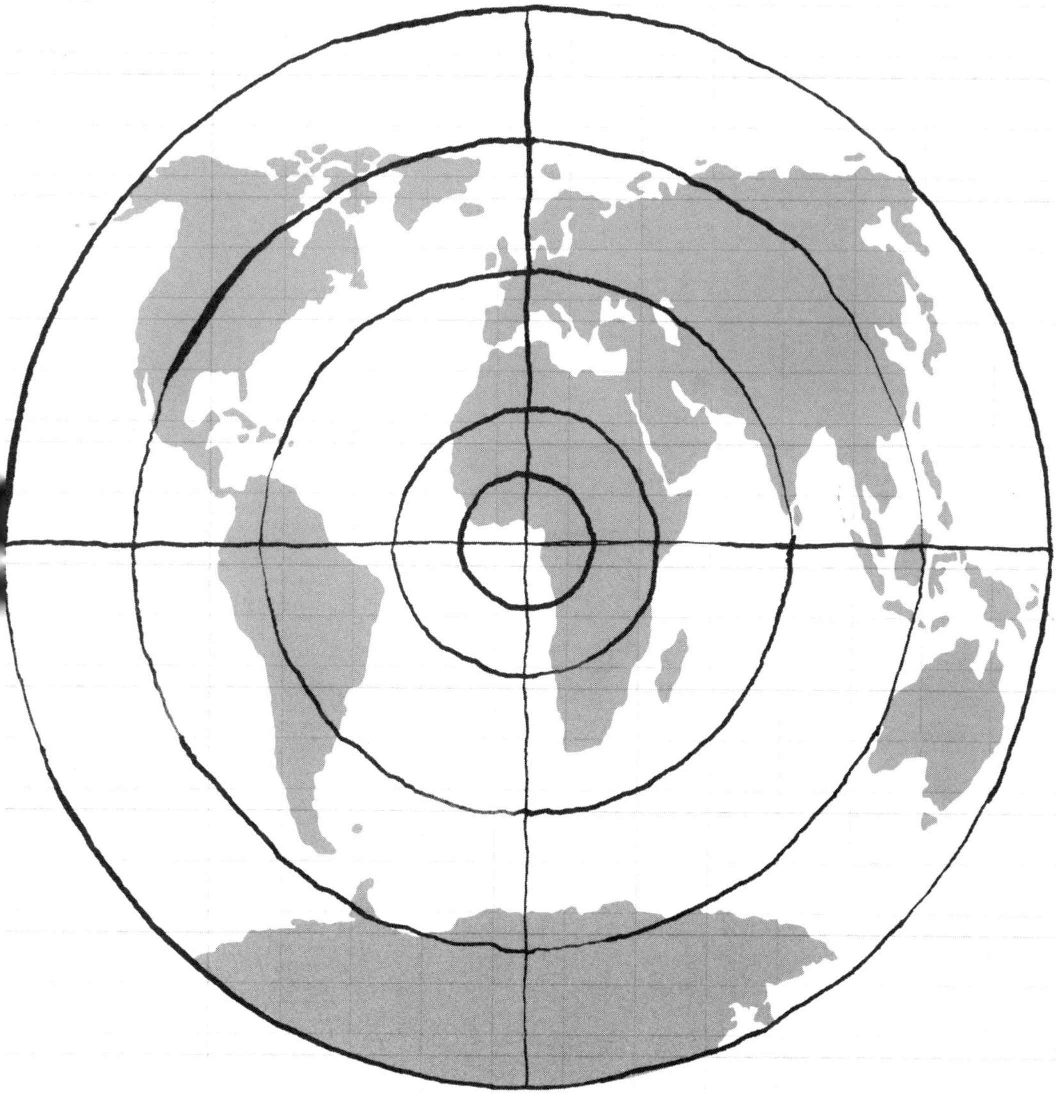

Você não está só! Desenhe seus companheiros que também remam contra a maré.

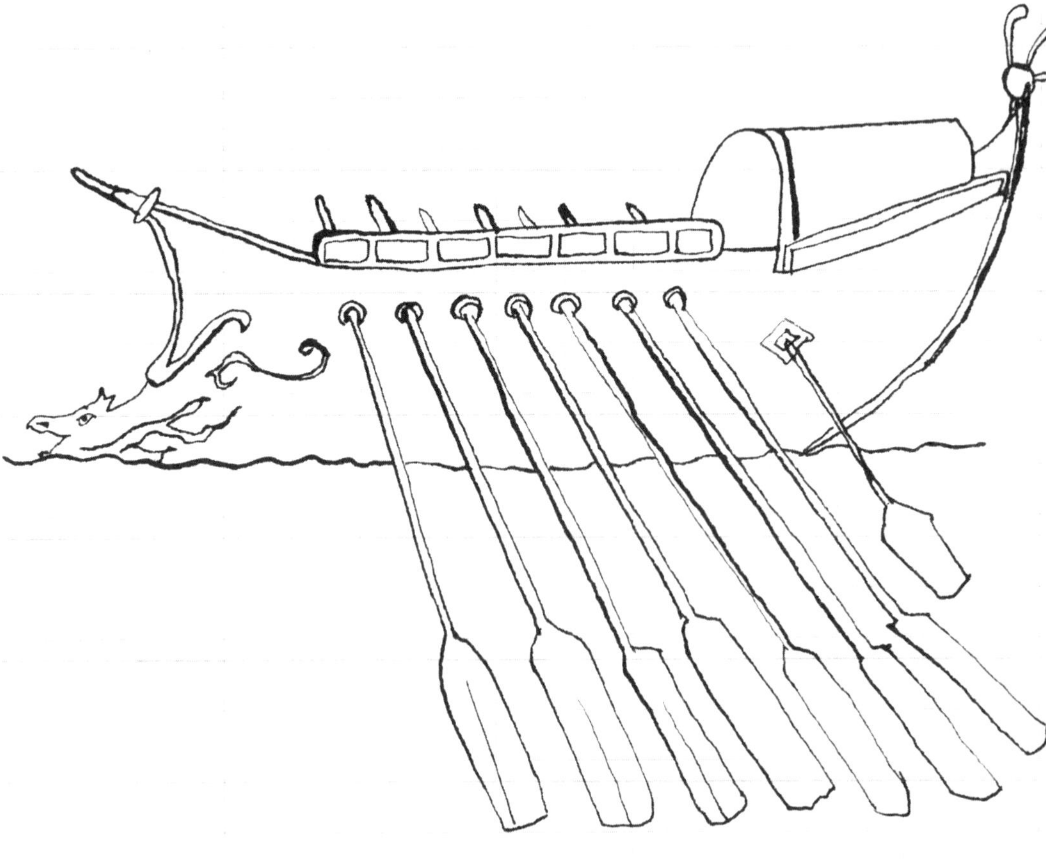

Chega de remar, levante as velas.

Está cheio de ficar à sombra dos outros? Desenhe você à sombra do coqueiro.

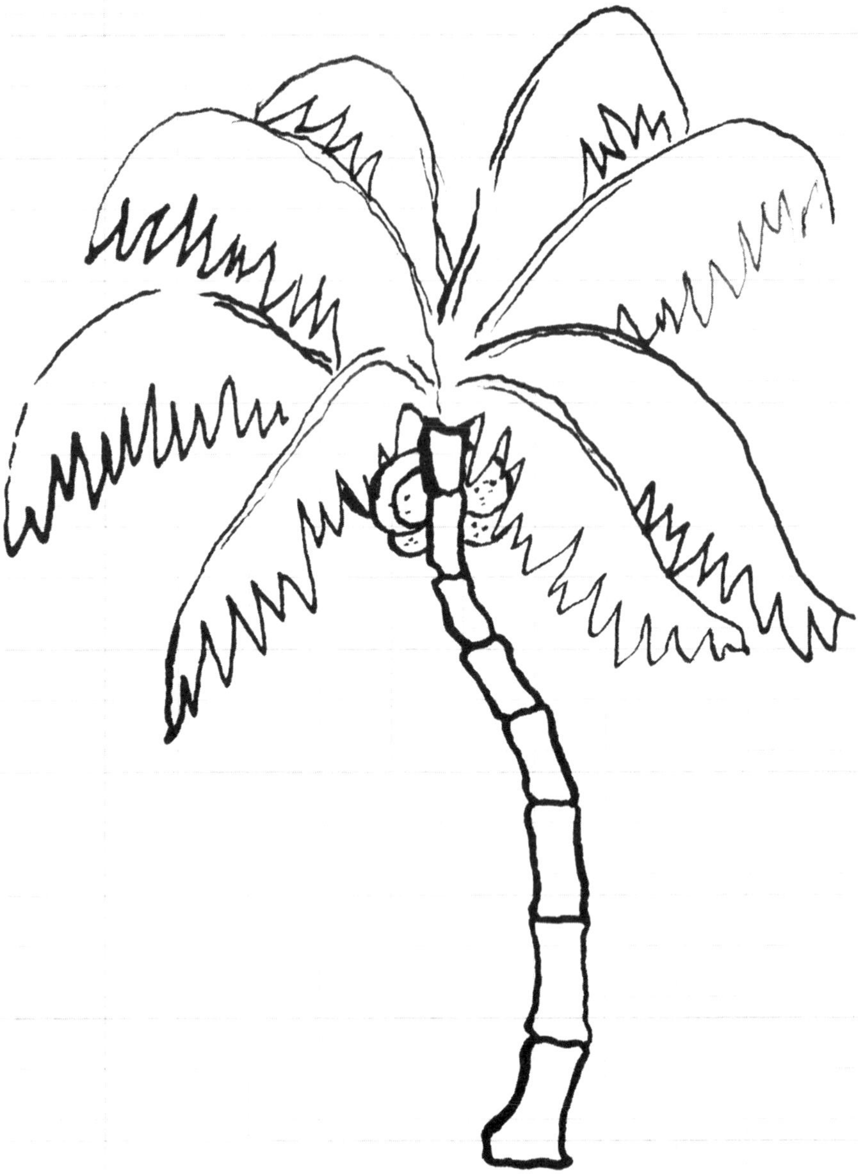

Desenhe uma rede...

Não fique mudo como um peixe. É hora de tomar coragem e desabafar...

Você tem carta branca: escreva aos parentes e amigos...

Recordações

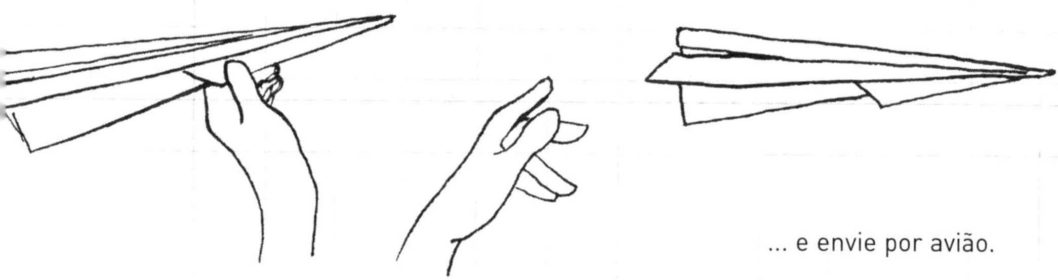

... e envie por avião.

Desenhe outras sarnas e sacuda a página.

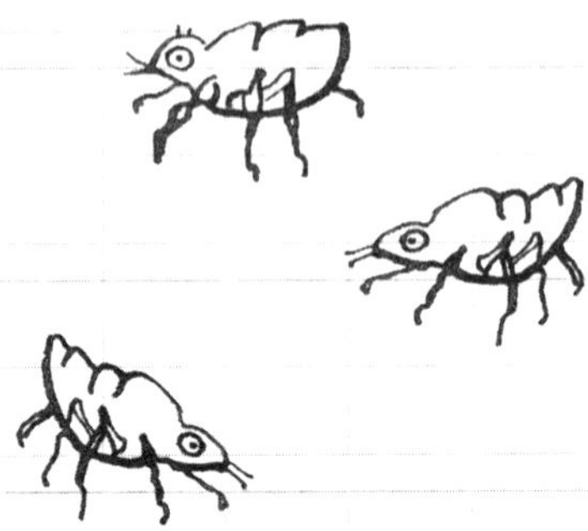

Utilização indicada para uma sessão de psicanálise. Trate de colorir, recorte e vá.

Chega de arrancar os cabelos! Desenhe-os de volta (você pode, ainda, acrescentar barba e bigode).

Insista na sorte: complete os trevos.

Pegue o caderno com as duas mãos, enfie a cara e vá nessa.

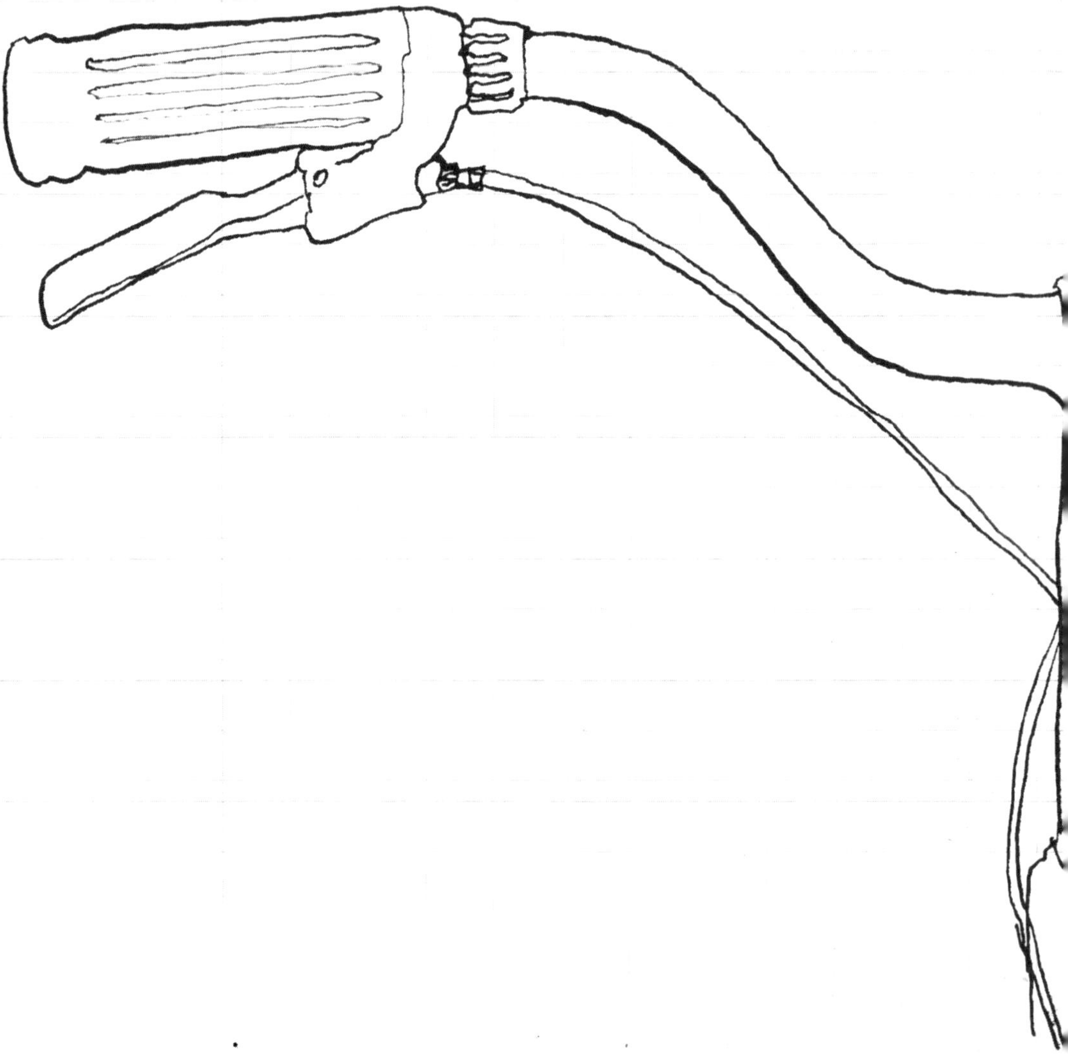

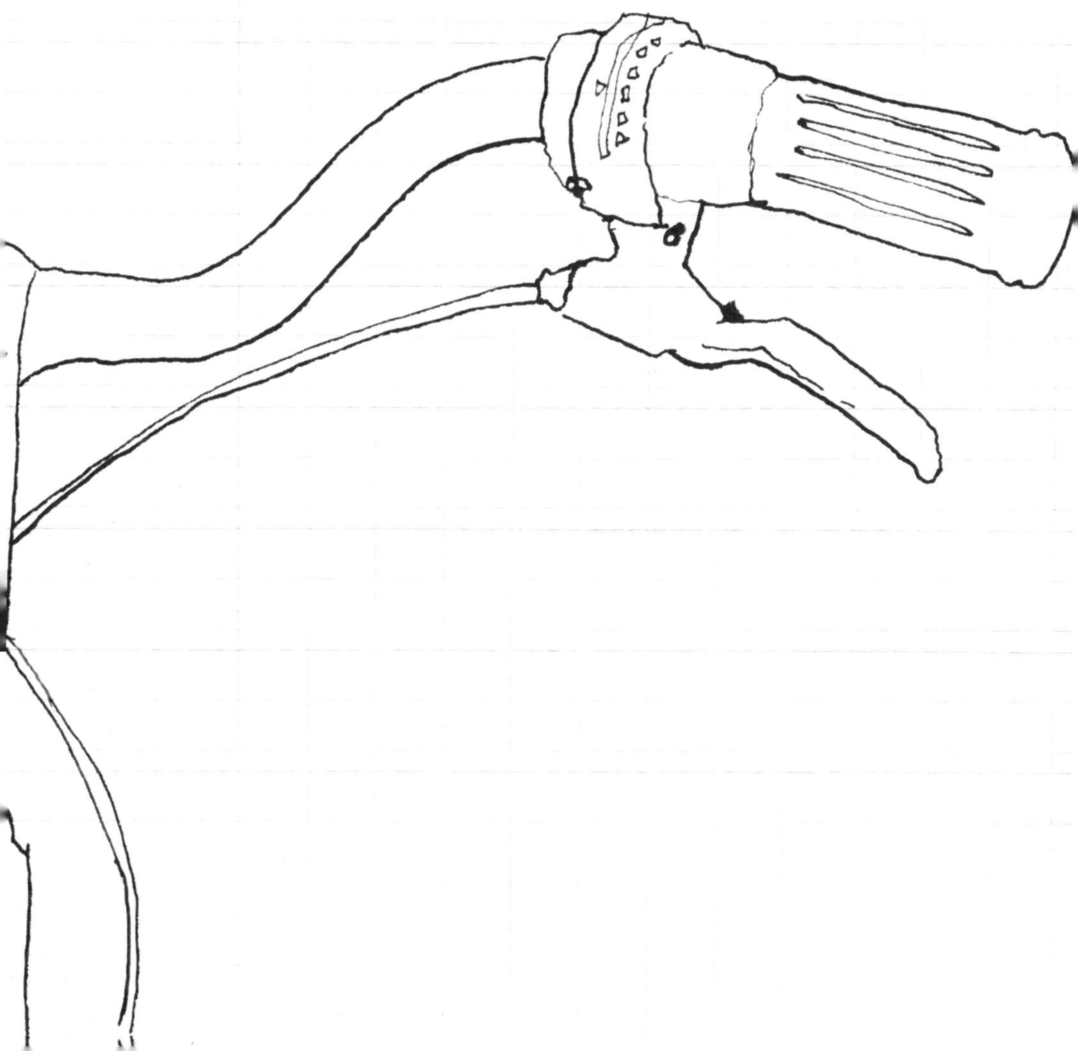

Está a fim de ser despedido? Leve suas abobrinhas para colorir na próxima reunião.

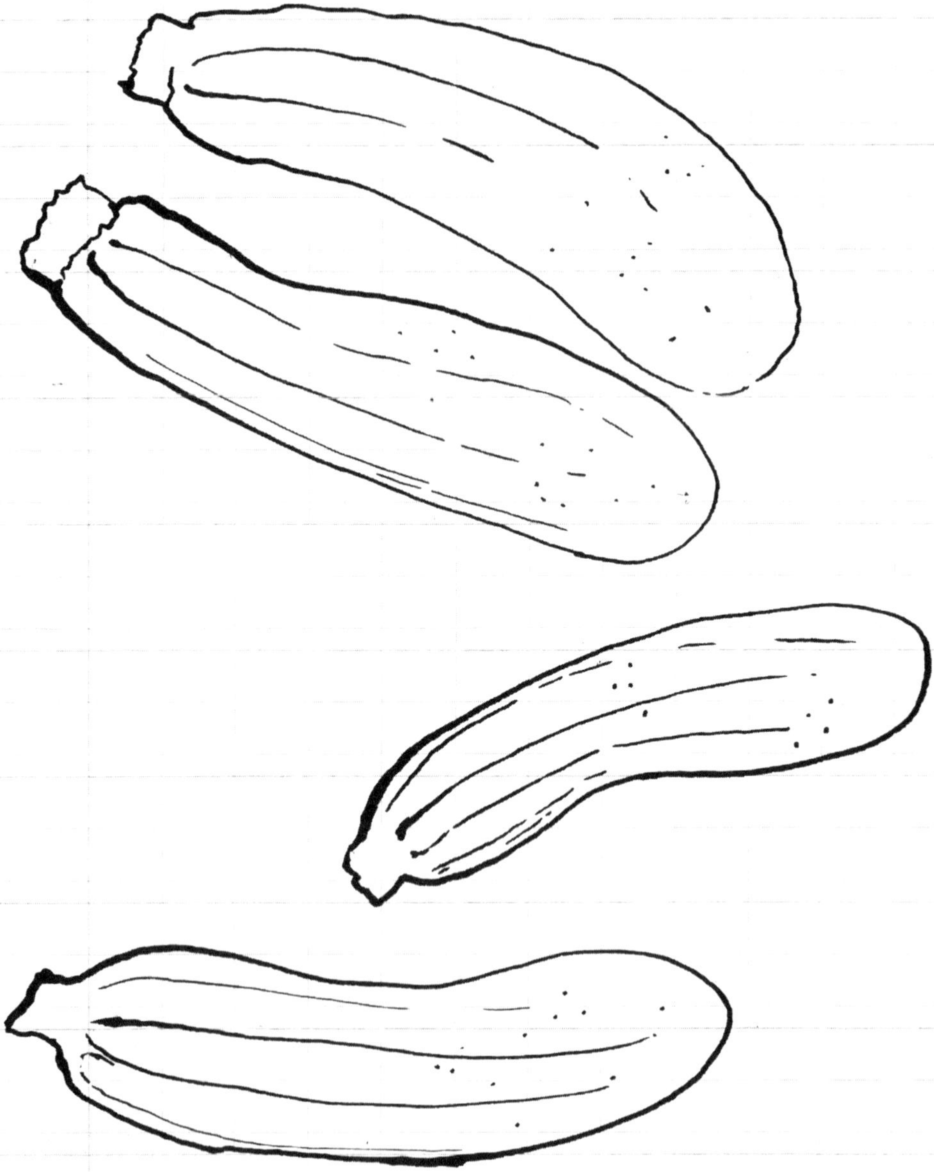

Toda vez que o chefe lhe fizer uma crítica, dê a ele um vale com pontuação para demissão.

VALE **1** PONTO DEMISSÃO	VALE **1** PONTO DEMISSÃO	VALE **1** PONTO DEMISSÃO
VALE **1** PONTO DEMISSÃO	VALE **1** PONTO DEMISSÃO	VALE **1** PONTO DEMISSÃO
VALE **1** PONTO DEMISSÃO	VALE **1** PONTO DEMISSÃO	VALE **1** PONTO DEMISSÃO
VALE **1** PONTO DEMISSÃO	VALE **1** PONTO DEMISSÃO	VALE **1** PONTO DEMISSÃO
VALE **1** PONTO DEMISSÃO	VALE **1** PONTO DEMISSÃO	**PARABÉNS!** GANHOU MINHA DEMISSÃO

Foi deixado na geladeira? Trace o itinerário que vai da sua mesa à saída, evitando passar pelo chefe.

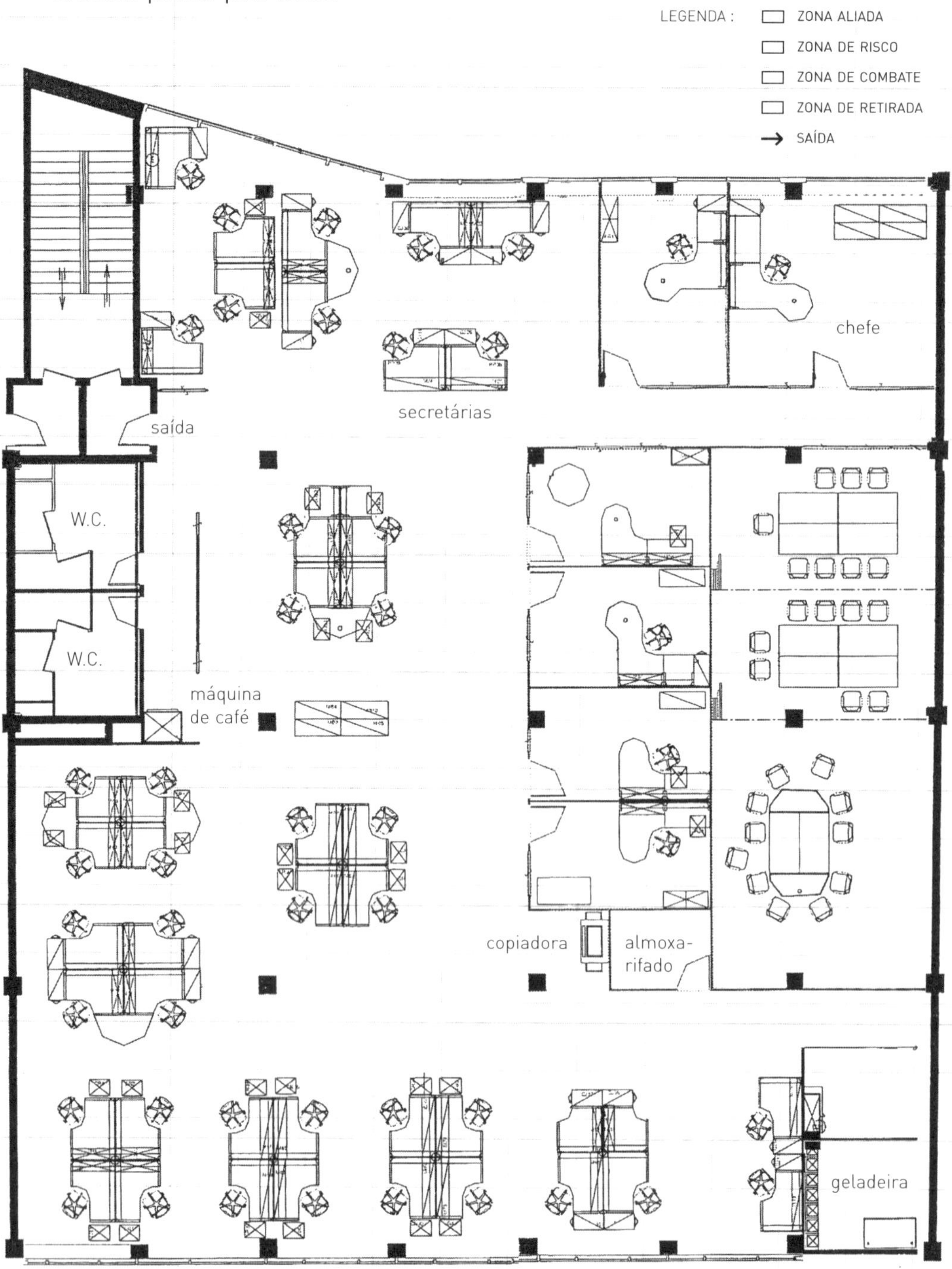

Prepare as taças para a festa de despedida: tente colorir sem deixar transbordar.

Vontade de descontar a raiva? Mande o estagiário xerocar esta página.

Aula nº 1
Treine os gestos certos para irritar os colegas.

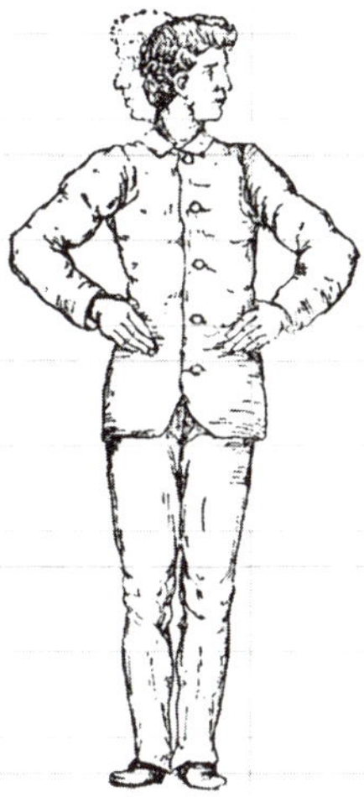

Pela manhã, nunca responda ao bom-dia, vire a cabeça.

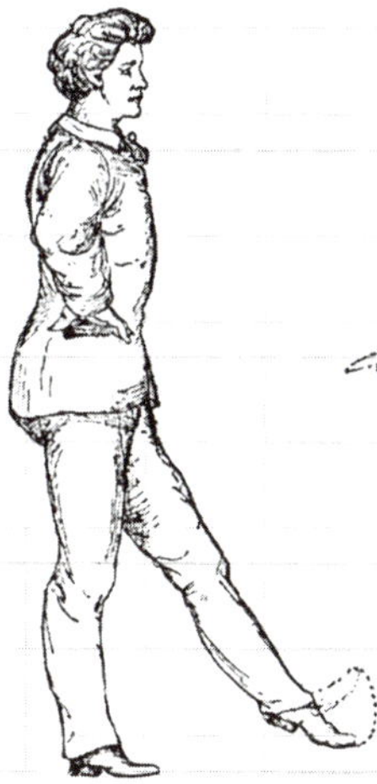

Faça pequenos giros com o pé.

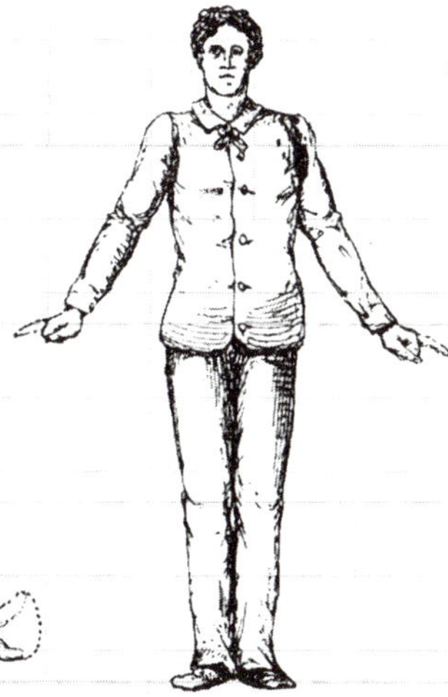

Rode os polegares, sem mover o mindinho.

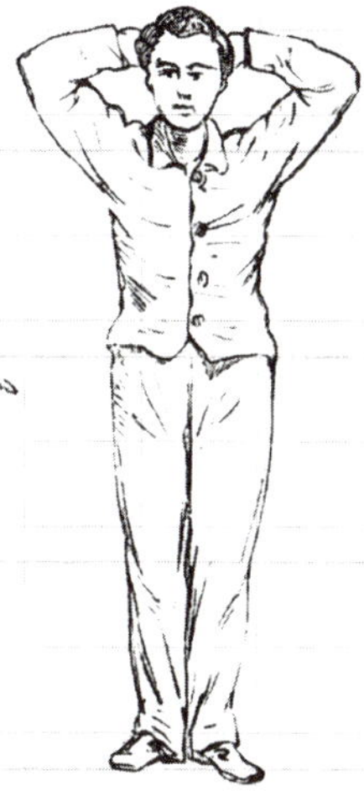

Esforço exagerado? Respire fundo.

Faça rodopios laterais com a perna.

Dê braçadas para movimentar o ar parado.

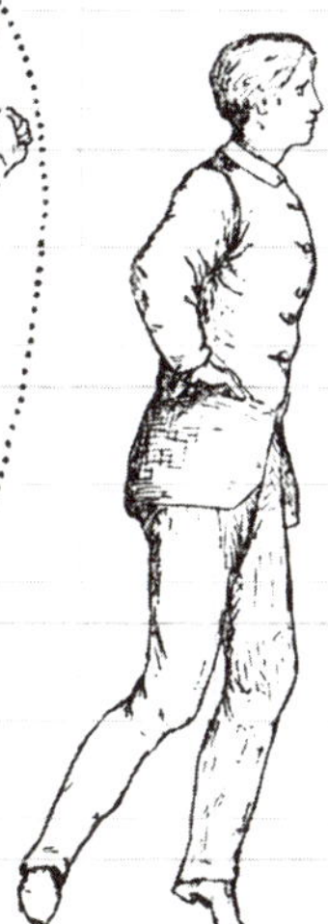

Passinhos rápidos sem sair do lugar, esperando as 18h.

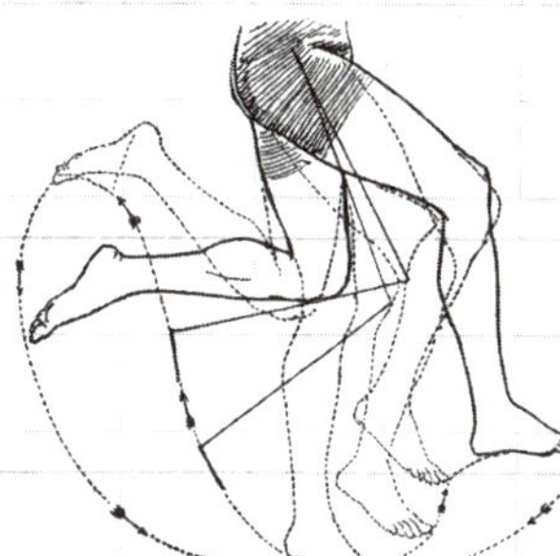

Às 18h em ponto, saia correndo.

Aula nº 2

Responda com sinais, para eliminar o estresse.

Aula nº 3
Encontre o método certo para não se afogar nos seus arquivos.

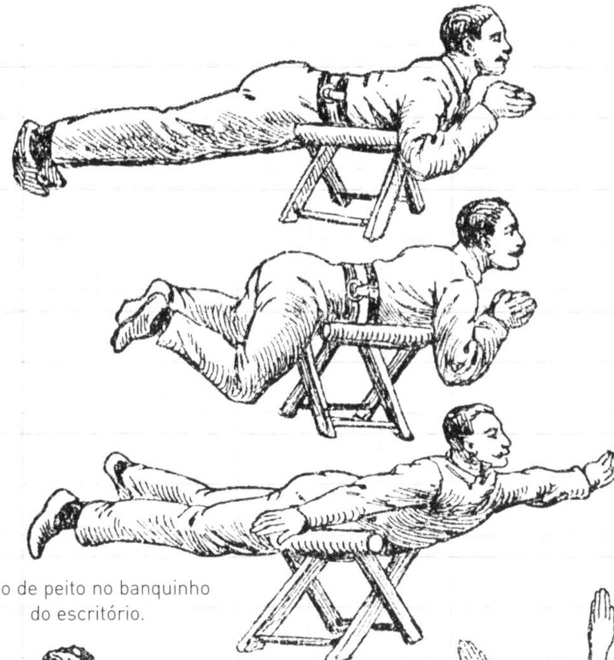

Nado de peito no banquinho do escritório.

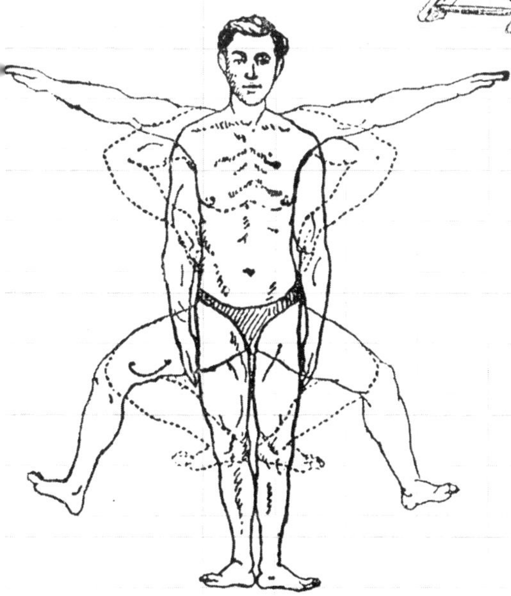

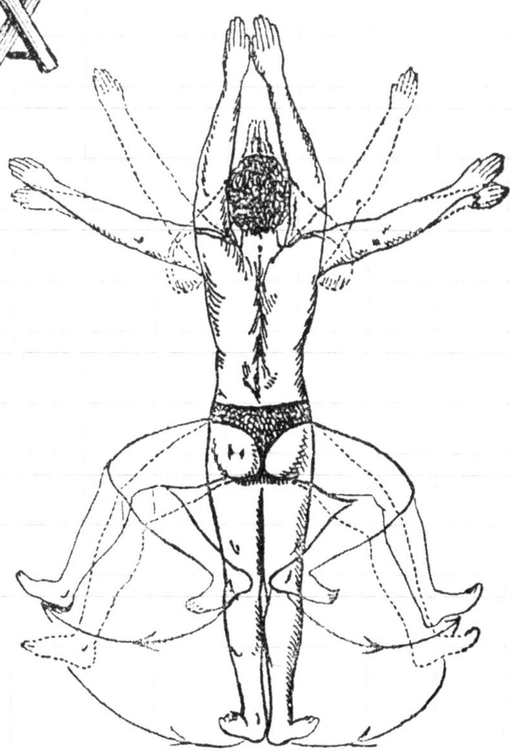

Se o escritório for pequeno demais, nade de pé.

Última aula
Derrube seu chefe.

Monte seu próprio negócio.

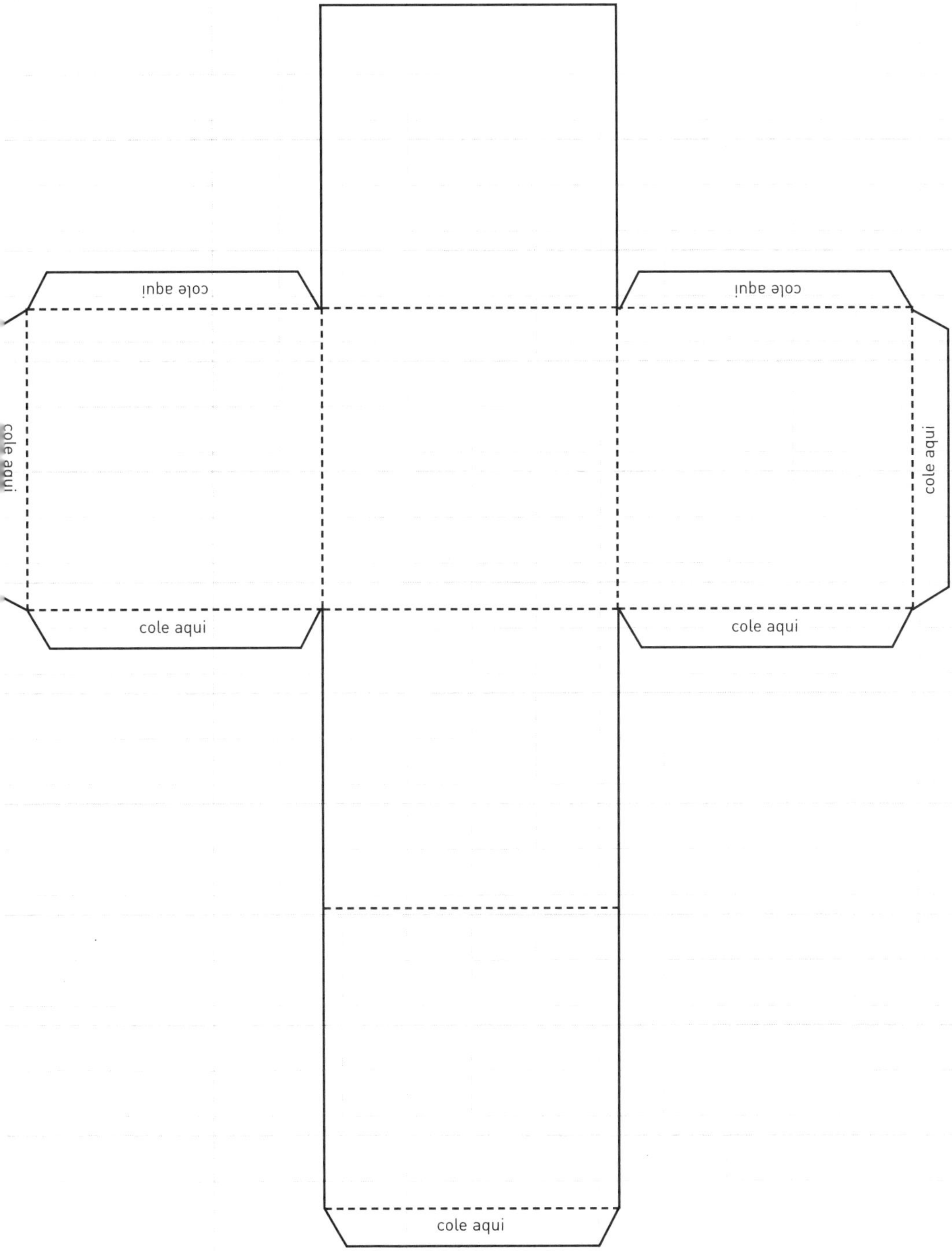

Está uma pilha de nervos? Acenda uma lanterna.

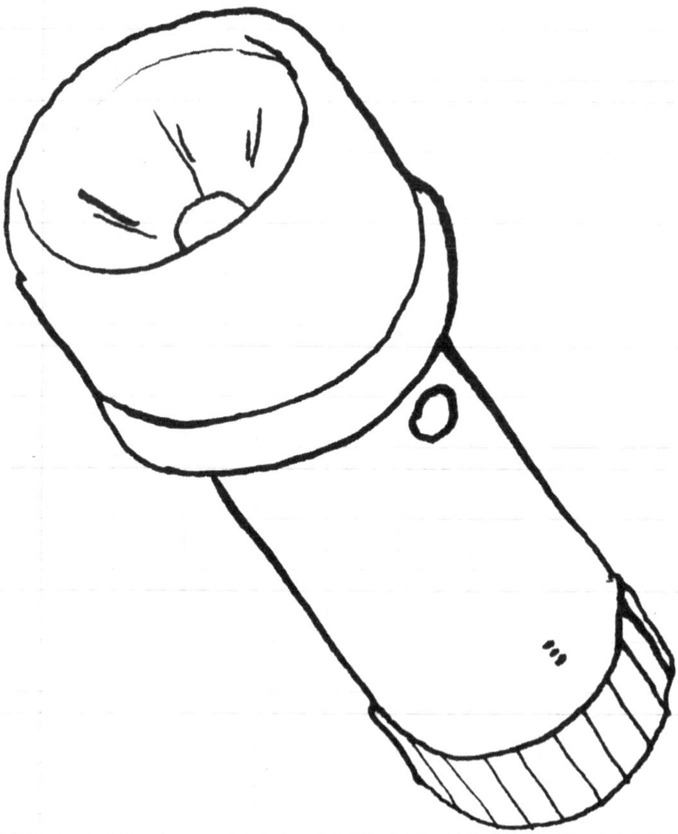

Dia das mães! Junte os macarrõezinhos e faça um colar para sua mamãe. Em vez de lhe dar a lembrancinha, jogue-a logo no lixo.

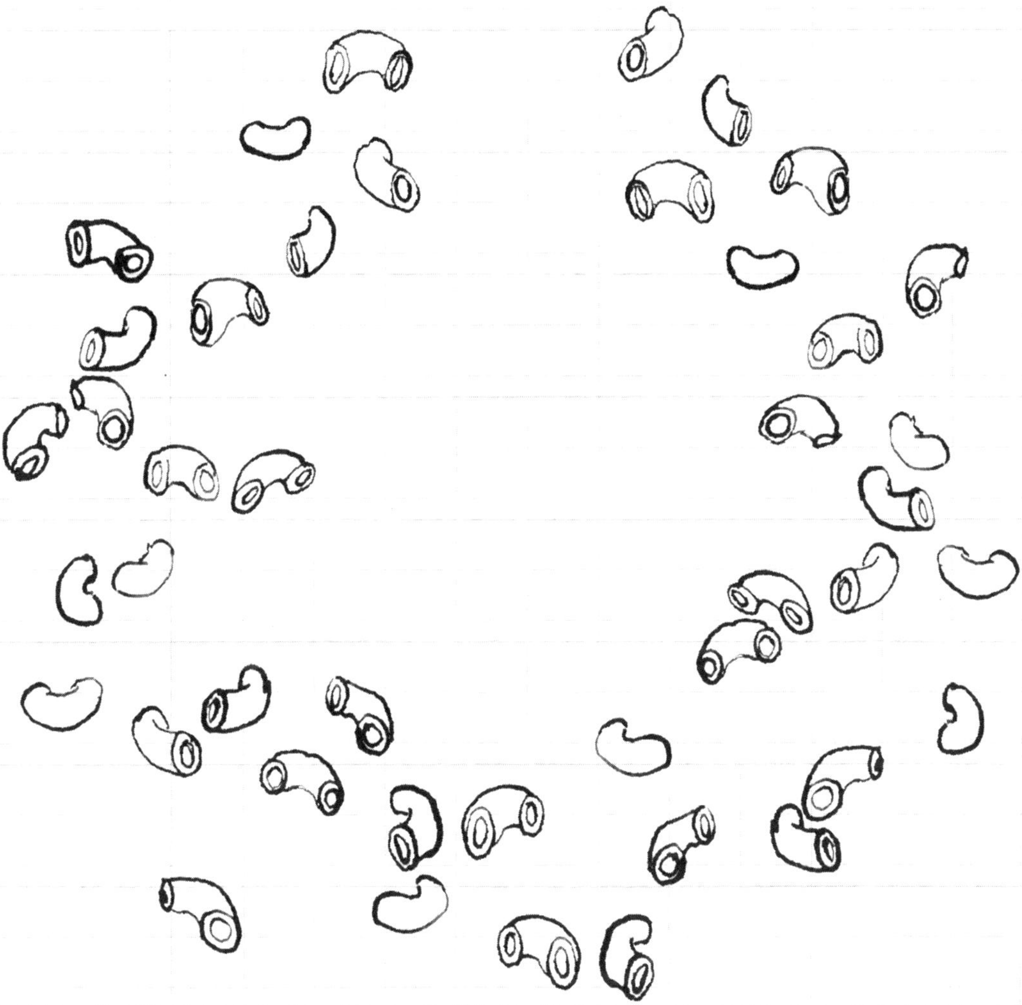

Arranhe o disco.

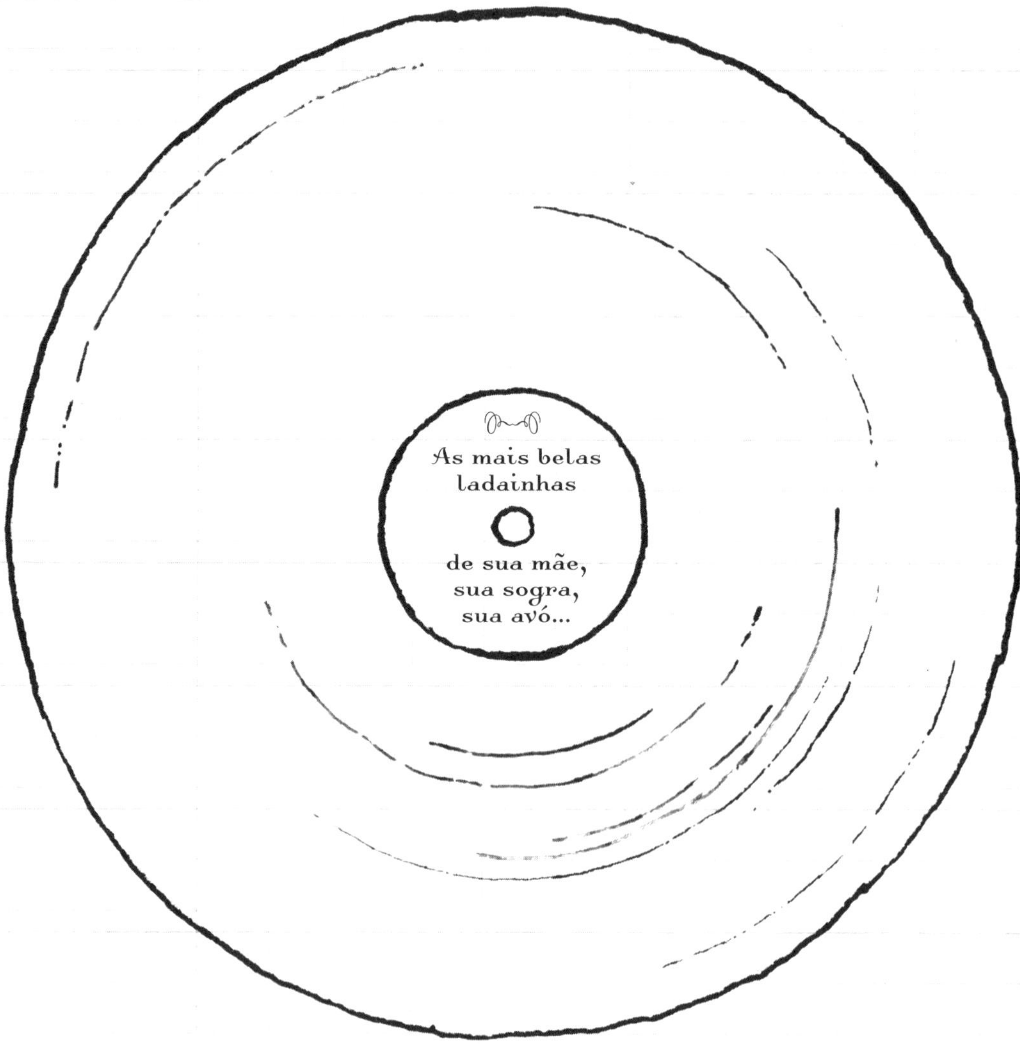

Quer esquecer tudo? Mostre que "deu um branco"...

De saco cheio das víboras? Lance você seu veneno.

Jantar de família. Com todos diante de seus respectivos pratos...

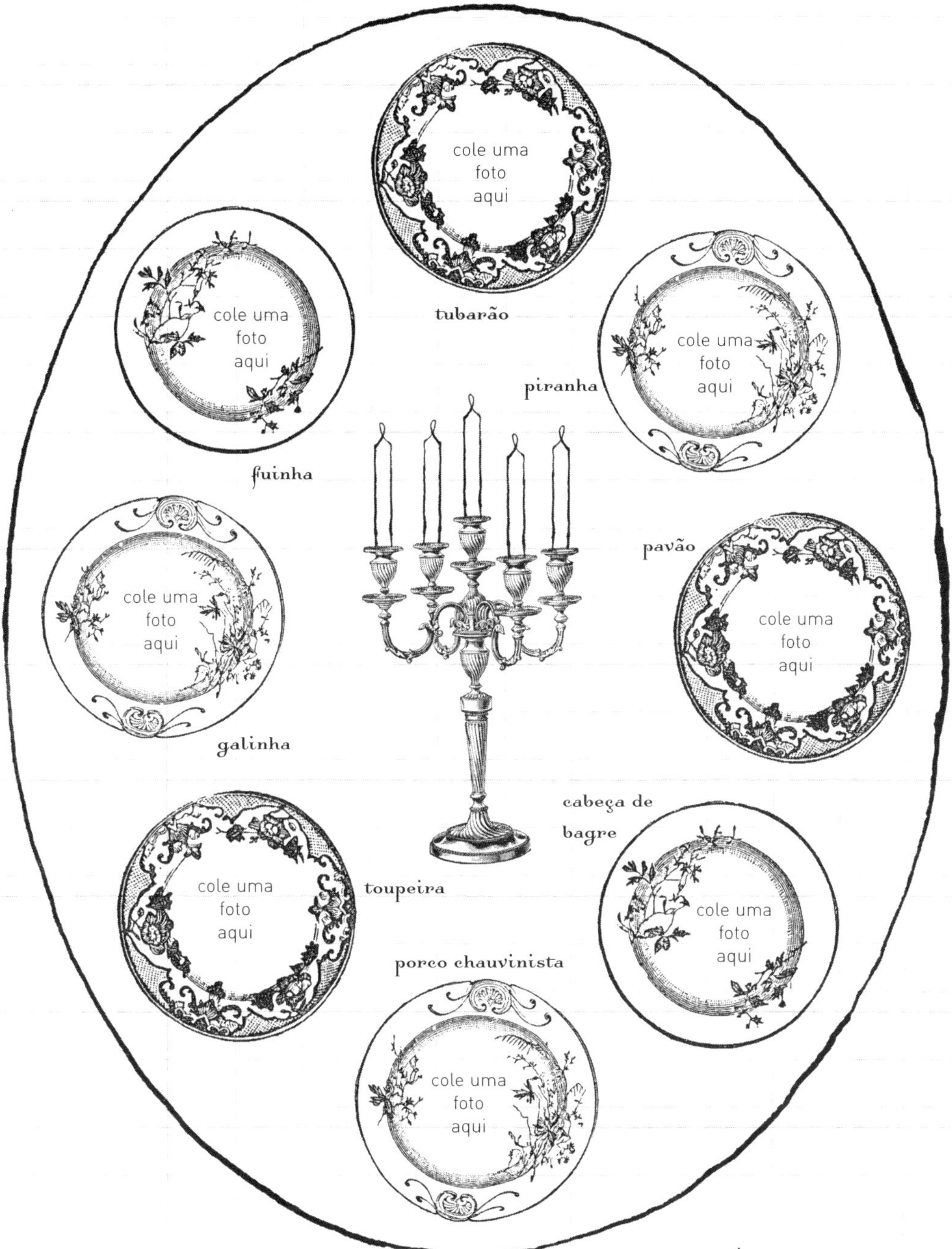

... vire a mesa.

Em 31 de dezembro, à meia-noite, peça a várias desconhecidas para deixar uma marca de beijo aqui.

Escolha esta para sair.

Recebeu uma escovada? Devolva-a pelo correio.

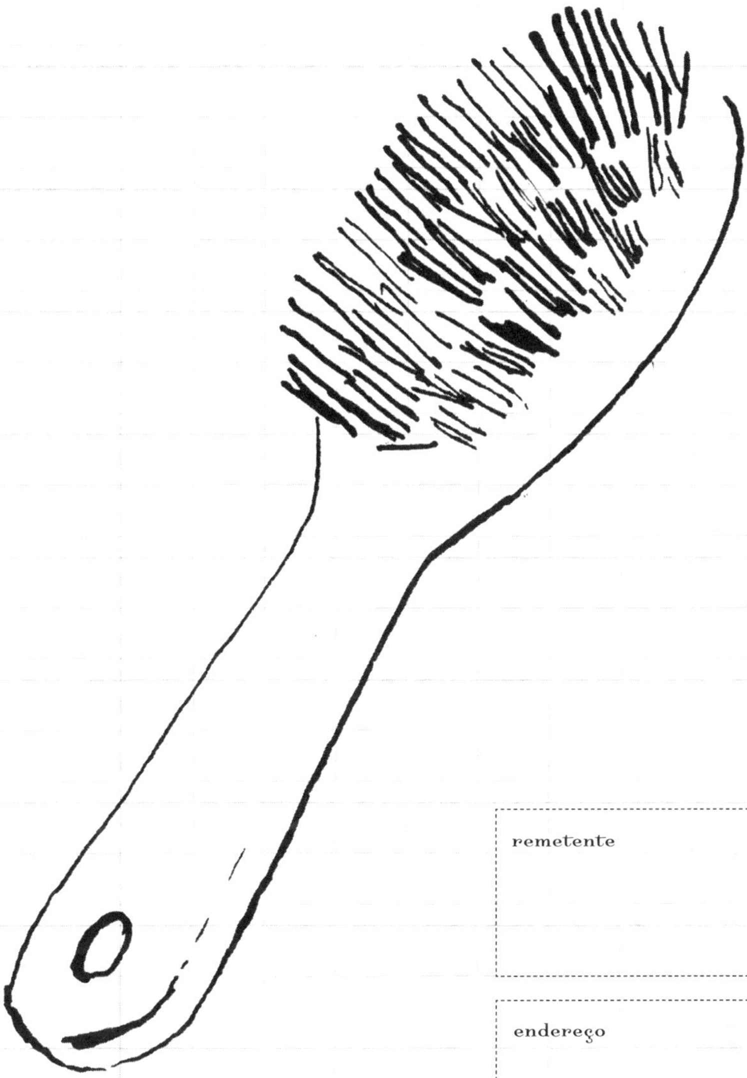

remetente

endereço

Para xerocar sempre que necessário.

É fácil dar um bolo.

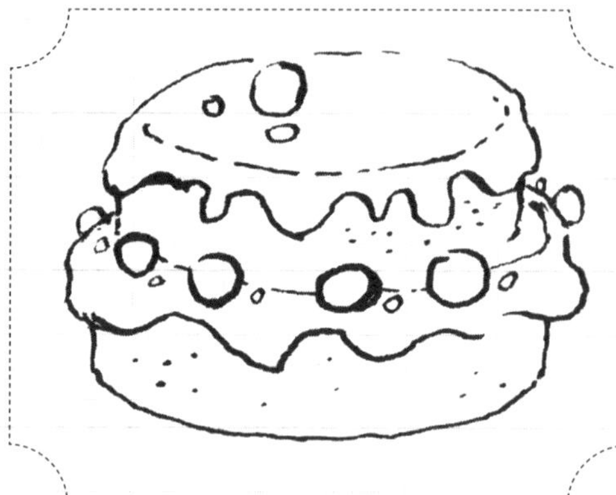

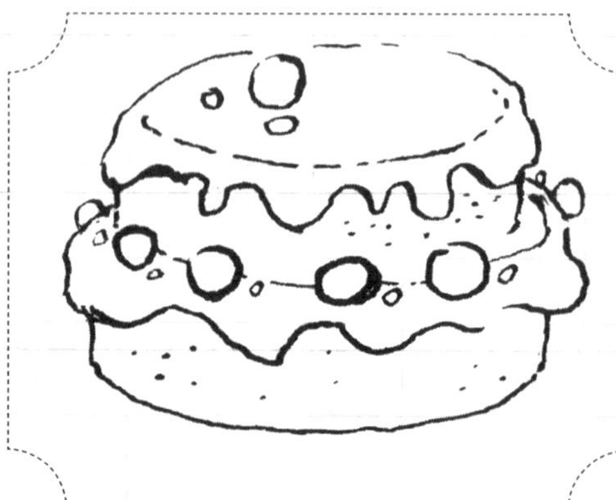

Use cartões apropriados para recusar um jantar.

Queridos amigos,
esse jantar de vocês
me enche o saco.

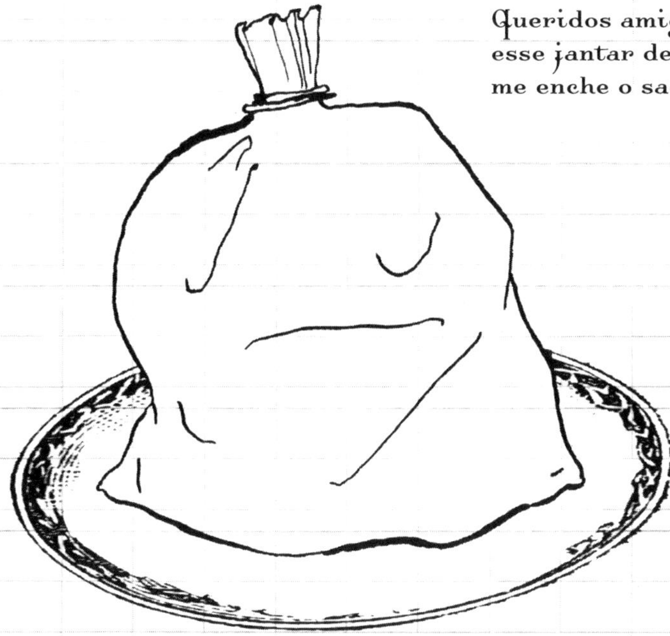

Queridos amigos, não tenho a menor vontade de ir para fazer número. Divirtam-se sem mim.

Encontre sua porta de saída.

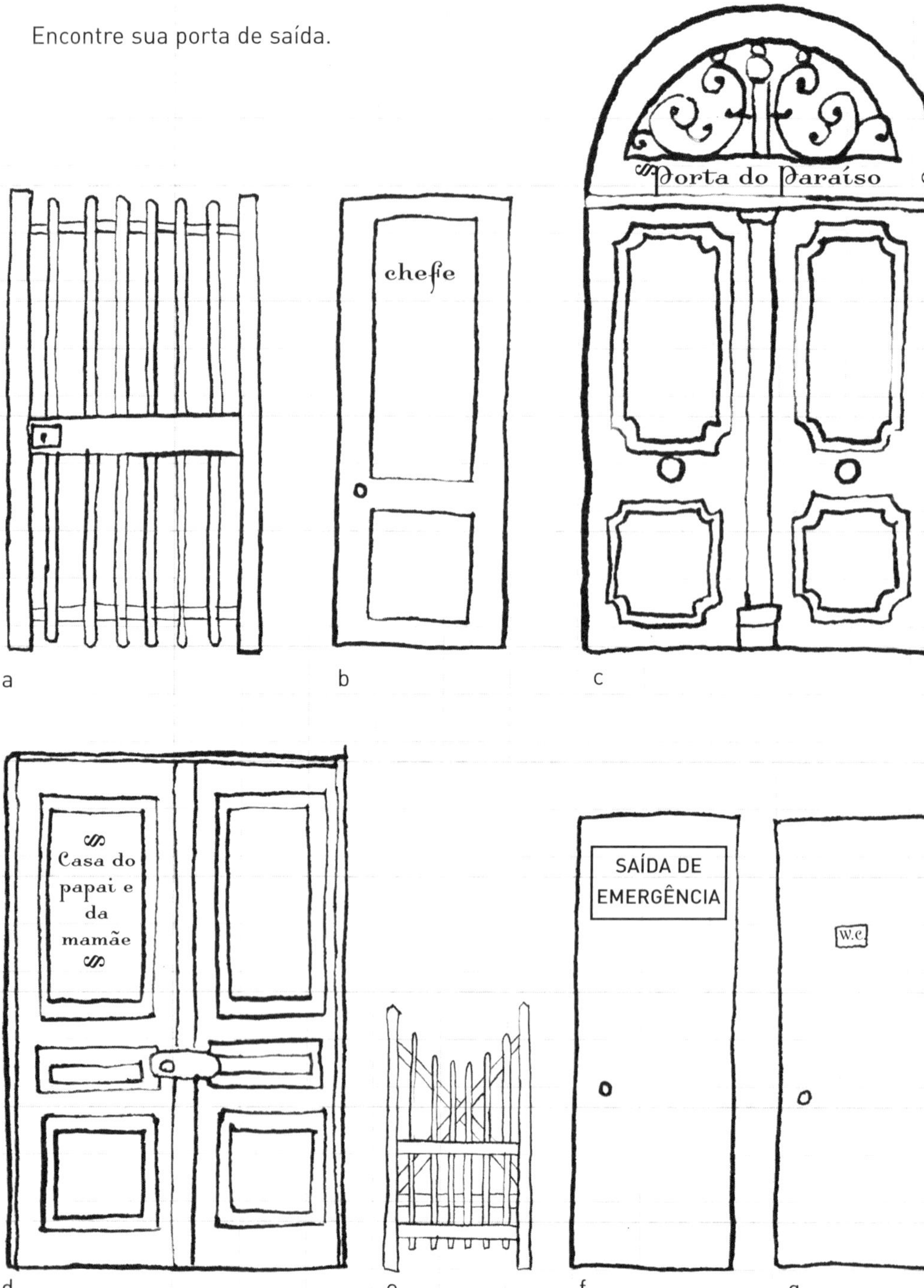

Você faz o tipo: a- bandido; b- workaholic; c- suicida; d- imaturo; e- livre; f- fujão; g- medroso.

Recorte a chave para cair fora e coloque-a em seu chaveiro.

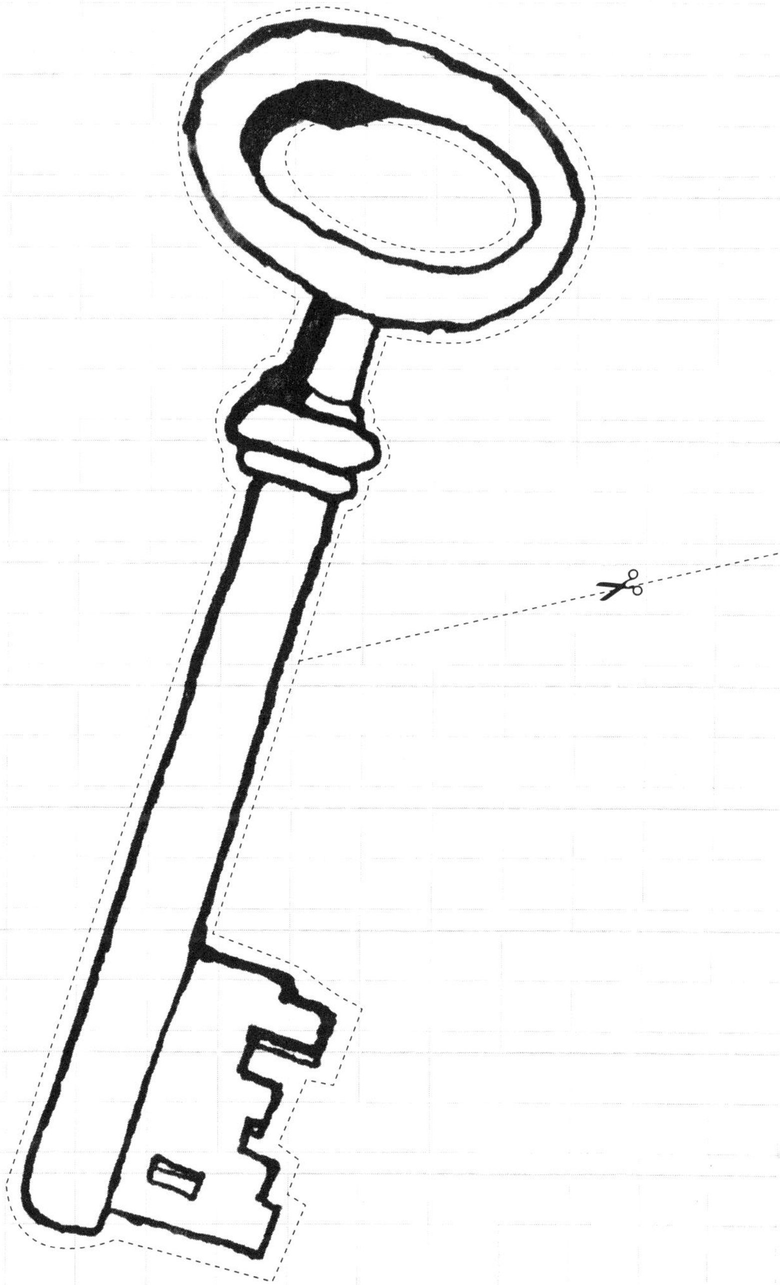

Já é hora de mostrar as cartas e agarrar seu destino com as próprias mãos.

Jérôme voltou de sua volta ao mundo,
mudou de emprego e de cidade.
Mathieu chutou o balde...
E você?